© 2019 Connor Boyack
Alle Rechte vorbehalten.

ISBN 978-1-943521-44-9

Die Tuttle-Zwillinge auf dem Weg nach Surfdom

Covergestaltung: Elijah Stanfield
Herausgeber und Satz: Connor Boyack
Deutsche Übersetzung: Enno Samp
Lektorat: Annika Hundt

Gedruckt bei flyerheaven.de

DIE TUTTLE-ZWILLINGE
auf dem WEG NACH Surfdom

CONNOR BOYACK

Zeichnungen von Elijah Stanfield

Dieses Buch ist Charles Koch gewidmet.

Er hat sich immer gegen Planwirtschaft und für einen möglichst freien Markt eingesetzt.

„Wie weit ist es noch?", fragte Ethan seine Eltern, als sie im Stau feststeckten. Sie waren auf dem Weg nach La Playa, ihrem Lieblingsstrand.

„Wir sind bald da", antwortete Vater Tuttle.

„Warum nehmen wir eigentlich diesen Weg zum Strand?", wunderte sich Emily. Das Auto der Familie stand in einem Wohngebiet in einer langen Fahrzeugschlange.

„Die Straße, die wir sonst immer nehmen, ist gesperrt", erklärte Mrs. Tuttle. „Aber ich weiß leider auch nicht, woran das liegt."

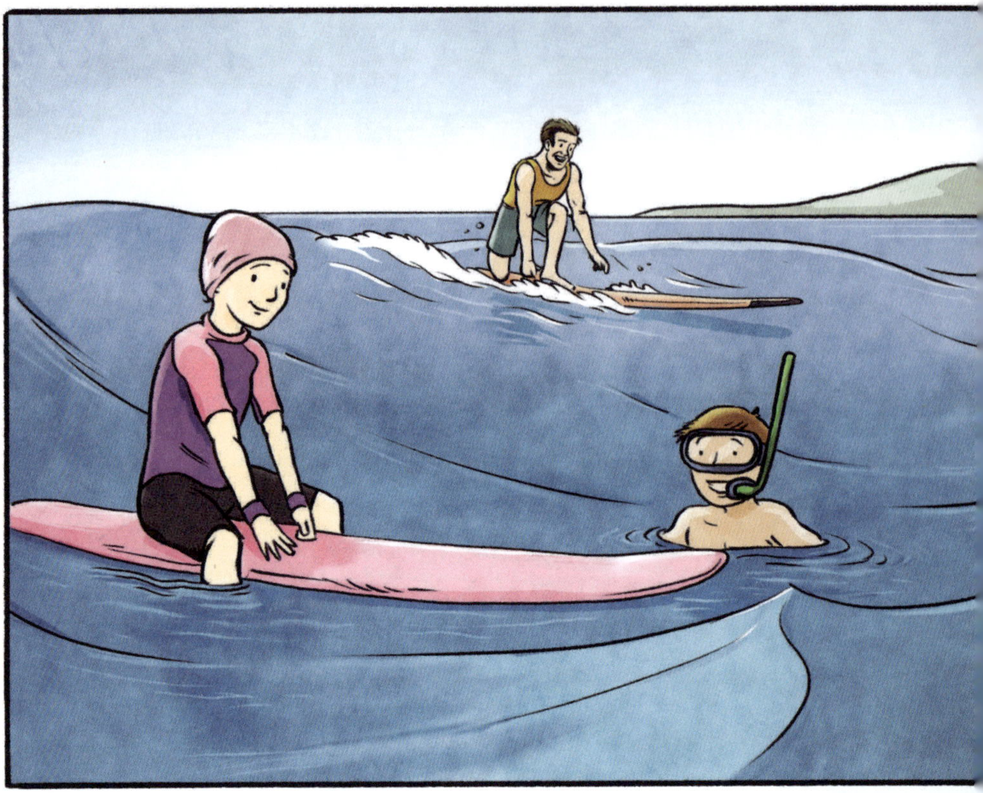

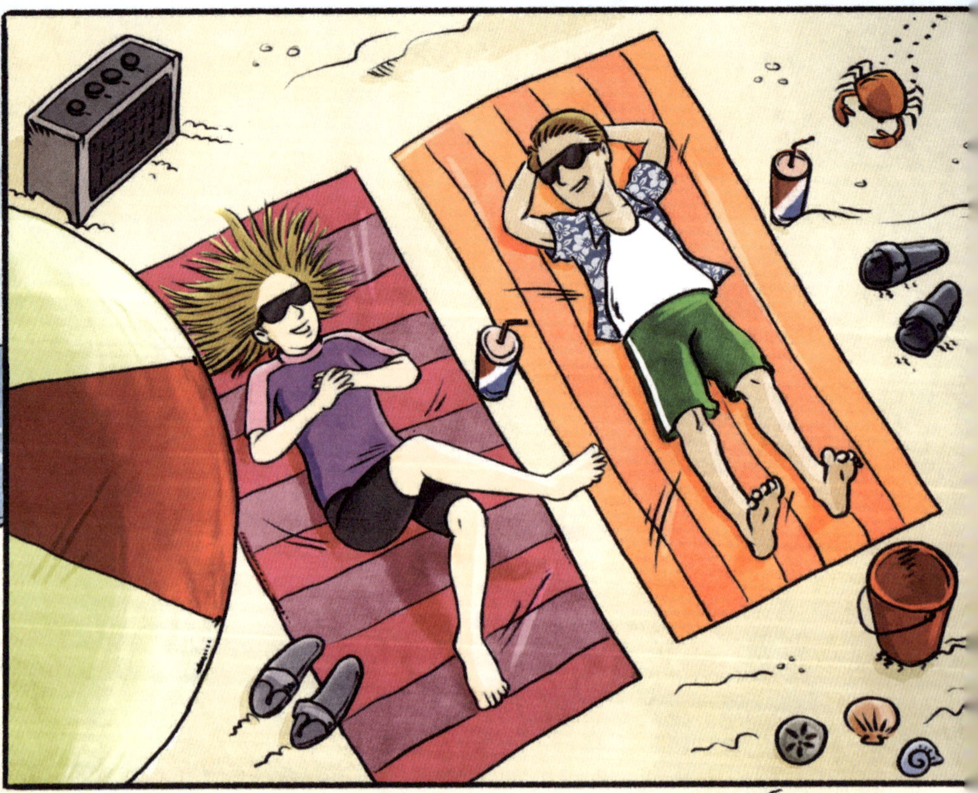

Alle Tuttles hatten immer viel Spaß in La Playa. Sie hatten schon so viele schöne Dinge dort beim Surfen, Schnorcheln und Sonnenbaden erlebt.

Ethan und Emily spielten gerne am Strand. Aber noch lieber gingen sie zum Einkaufen an der Strandpromenade. Jedes Mal, wenn sie in La Playa waren, besuchten sie auch die Spielhalle und aßen viel köstliches Essen und Naschereien.

Die Fahrt hatte viel länger gedauert als erwartet. Aber endlich erreichten die Tuttles La Playa. Dort trafen sie sich wie jedes Jahr zum Familientreffen. Ethan und Emily freuten sich auf eine Woche voller Spaß zusammen mit ihren Cousinen und Cousins.

Während Mr. Tuttle die Sonnenschirme aufstellte, sprachen die Onkel und Tanten über das Verkehrsproblem. Sie waren alle verärgert über die enorme Verspätung durch die gesperrte Straße.

Die Zwillinge hatten Hunger. „Wann gibt es Mittagessen?", fragten sie ihre Eltern.

„Kommt, ihr beiden. Wir wollen auch etwas essen gehen. Ich lade euch ein", sagte Onkel Ben.

„Das ist nett von dir, Ben", antwortete Mr. Tuttle.

Die Zwillinge nahmen ihre Roller und gingen mit Ben und seiner Familie zur Strandpromenade.

Bei Kellys Fisch-Imbiss bestellte Emily „Fish and Chips". Ethan nahm Krabben mit Pommes. „Mmmh, die Krabben sind köstlich!", freute er sich.

Einige ihrer Cousins aßen ebenfalls Pommes, und sie fütterten damit auch die hungrigen Möwen.

Als sie beim Essen saßen, kam eine Gruppe fremder Leute zu Ben. Sie schüttelten ihm die Hand und fragten, ob sie ein Foto mit ihm machen dürften.

„Wer war das?", fragte Ethan, nachdem die Leute wieder weg waren.

„Och, das waren nette Leute, die sich bei mir für meine Arbeit bedankt haben", antwortete Ben etwas verlegen.

„Sie haben sich bei dir als Reporter bedankt?", fragte Emily. „Aber sie haben dich wie einen berühmten Star behandelt."

„Die Videos von eurem Onkel sind im Internet gerade sehr beliebt", sagte ihre Tante Jasmin.

Nach dem Essen fuhren die Zwillinge die Strandpromenade entlang, um sich die anderen Läden anzusehen.

„Hey, was ist denn mit Jacks Strandkiosk passiert?", wunderte sich Ethan, als sie vor einem leerstehenden Geschäft anhielten.

„Und schau mal da drüben", rief Emily. „Die Spielhalle und die Eisdiele sind auch geschlossen!"

„Die alte Straße zu sperren, ist ja in Ordnung", sagte Ben zu Ethan, „aber jetzt schließen auch noch Geschäfte? Ich wette, dass beides etwas miteinander zu tun hat. Ich wittere da eine neue Reportage ..."

„Wollt ihr zwei mir helfen, herauszufinden, was das alles auf sich hat?", fragte Ben die Zwillinge.

Ethan und Emily waren beide sehr interessiert daran, dieser Sache auf den Grund zu gehen. Sie fanden es außerdem cool, ihrem Onkel bei der Arbeit an einem seiner Videos zu helfen.

Ben sagte, er wollte herausfinden, was genau mit der alten Straße passiert war. Dann gab er den Zwillingen eine Kamera und ein Mikrofon und bat sie, einen der Ladenbesitzer zu befragen. Sie sollten ihn fragen, ob er wüsste, warum die drei Geschäfte kürzlich geschlossen hatten.

Der Inhaber der „Bananen am Stiel" erzählte Ethan und Emily, dass die drei Geschäfte nach Surfdom umgezogen sind, einem Strand etwas weiter nördlich.

„Aber warum wollten sie nicht mehr hier in La Playa bleiben?", fragte Emily.

„Surfdom ist sehr beliebt, seit es die neue Straße gibt – und besonders, seit die Straße, die hier bei uns entlang führte, geschlossen wurde. Viele Geschäfte ziehen daher von unserer Strandpromenade dorthin in schöne neue Gebäude", sagte er.

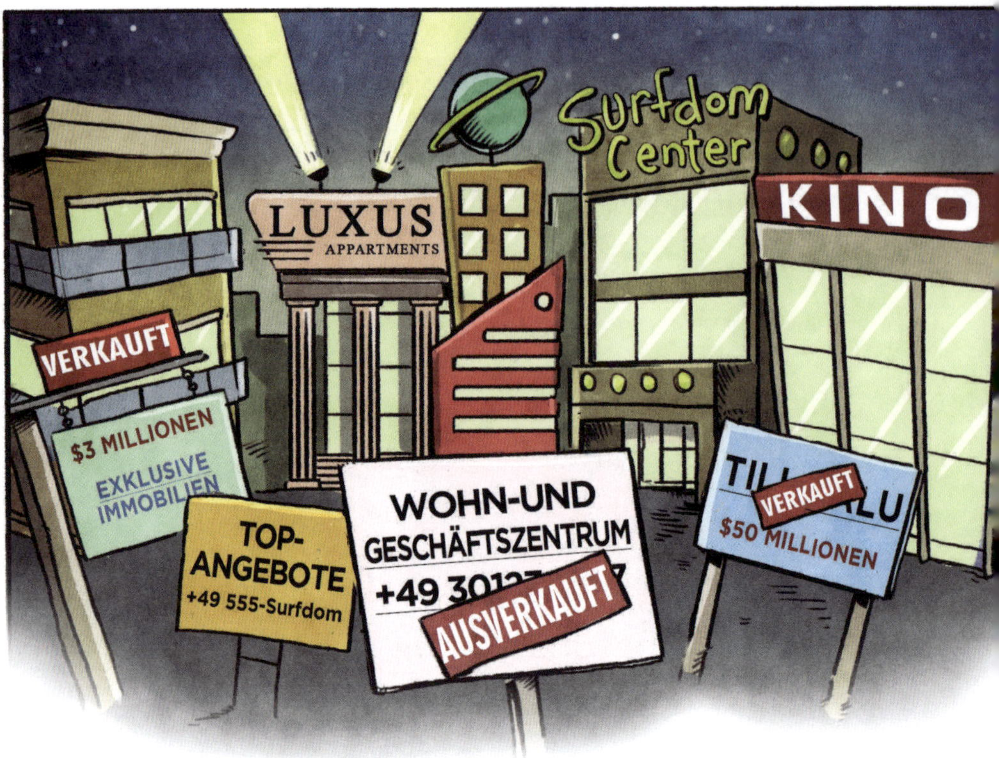

„Werden Sie mit Ihrem Laden auch umziehen?",
fragte Emily den Inhaber.

„Ich? Leider nein", antwortete er seufzend. „Für mich ist das nicht möglich. Sehr viele Leute wollen in die neuen Gebäude. Durch die hohe Nachfrage sind die Mieten sehr teuer. Das können sich nur größere und erfolgreichere Unternehmen leisten. Surfdom ist nichts für einen kleinen Laden wie diesen hier."

Der Ladenbesitzer tunkte zwei gefrorene Bananen in Schokosauce, rollte sie über Erdnussraspeln und gab sie den Zwillingen. „Mit meinem Bananenstand habe ich immer genug für meine Familie und mich verdient. Aber wenn die Besucherzahlen hier weiter zurückgehen, werde ich möglicherweise schließen müssen."

Nach dem Interview kamen die Zwillinge zur gleichen Zeit bei ihrem Ferienhaus an wie ihr Onkel Ben.

„Ich habe einige alte Zeitungsausgaben in der Bibliothek ausgeliehen", sagte Ben, und legte den Stapel auf die Motorhaube. „Mir scheint, dass die Wähler vor ein paar Jahren für einen neuen Verkehrswegeplan gestimmt haben. Der Bau wurde im letzten Jahr begonnen und soeben fertiggestellt."

„Aber warum sollten sie für eine neue Autobahn stimmen, wenn es für die Besucher dadurch schwieriger wird, nach La Playa zu kommen?"

„Genau das ist die Frage", antwortete Ben, und zuckte mit den Schultern. „Was habt ihr beiden bei den Leuten von der Strandpromenade in La Playa herausbekommen?", fragte er die Zwillinge.

Emily berichtete, dass die geschlossenen Geschäfte nach Surfdom umgezogen waren. „Ich glaube, das ist der coole Strand, wo mittlerweile alle hingehen", sagte sie.

Ben dachte einen Moment nach. „Ich wette, dass die neue Straße direkt nach Surfdom führt. Wir müssen noch mit den Bewohnern in der Stadt sprechen. Kommt ihr mit?"

Nachdem ihre Eltern zugestimmt hatten, stiegen Ethan und Emily zu ihrem Onkel ins Auto und fuhren dorthin, wo am Morgen der dichte Verkehr gewesen war.

„Seht ihr diese vielen ‚zu verkaufen'-Schilder?", fragte Ben. „Wir müssen herausfinden, warum so viele Leute ihre Häuser verkaufen wollen."

Als sie von Tür zu Tür gingen, erfuhren Ben und die Zwillinge schnell, was los war. Die Leute waren sehr verärgert, weil ihre Straßen ständig voller Autos waren. Daher wollten sie dort nicht mehr wohnen.

Ein kleines Mädchen in einem Rollstuhl erzählte den Zwillingen, dass sie beim Radfahren von einem schnellen Auto angefahren worden war. Jetzt fürchtete sie sich zu nah an die Straße zu gehen.

Ein alter Mann erzählte: „Ich war für den Plan der Regierung, etwas weiter nördlich eine neue Straße zu bauen, damit es hier in der Stadt weniger Verkehr gibt. Aber der Verkehr ist hier jetzt sogar viel schlimmer geworden."

MOLKEREI

MOLKEREI

Sie kamen auch bei Leuten vorbei, die gerade einen Umzugswagen beluden.

„Entschuldigen Sie bitte", sagte Emily. „Darf ich fragen, warum Sie umziehen?"

„Die Molkerei, bei der ich arbeite, zieht in eine weit entfernte Stadt. Dadurch verlieren viele Menschen ihre Arbeit", antwortete sie. „Ich möchte mein Haus verkaufen. Aber ohne die Molkerei gibt es hier deutlich weniger Arbeitsplätze. Und so will scheinbar auch niemand mehr ein Haus in dieser Gegend kaufen."

„Das Mädchen im Rollstuhl tut mir wirklich leid", sagte Emily auf ihrem Rückweg.

„Mir auch", sagte Ben. „Diese Molkerei gab es hier seit hundert Jahren. Jetzt will ich erst Recht herausfinden, was hier wirklich passiert."

„Ich wette, dass das etwas mit Surfdom zu tun hat", sagte Ethan. Ben stimmte ihm zu und die drei entschieden sich, dorthin zu fahren, um weiter zu forschen.

Also fuhren die Zwillinge und ihr Onkel Ben über die neue Straße nach Surfdom.

„Da drüben gibt es viele neue Häuser", sagte Emily und zeigte auf das Wohngebiet neben der Straße. „War nicht hier der Bauernhof mit den vielen Kühen?"

Ethan erinnerte sich, wie sie sich wegen des Geruchs aus den Kuhställen immer die Nase zugehalten hatten, wenn sie hier vorbeigefahren waren.

Ben zeigte auf die Werbung für den Verkauf der neuen Häuser, die die ganze Strecke entlang der neuen Straße zu sehen war.

Emily sah einige Möwen über ihren Köpfen und fragte sich, wie die Aussicht auf die Gegend wohl von dort oben wäre. Vermutlich nur eine Menge Dächer, stellte sie sich vor.

Nach ihrer Ankunft gingen sie in Richtung Strand. Da gab es einen großen Eingang zu einer breiten Einkaufsstraße. Darüber war ein riesiges Schild, das man schon von Weitem sehen konnte.

„Wow, Surfdom ist aber richtig klasse", sagte Emily am Eingang. Mit großen Augen schaute sie auf die vielen bunten Läden und die Fahrgeschäfte.

„Hey, da ist ja Jacks Strandkiosk!", rief Ethan und zeigte auf den neuen Laden. Etwas weiter vorne sah Emily die Spielhalle und die Eisdiele. Alles war voller Besucher.

Im Vergleich zu La Playa war Surfdom größer, neuer und es gab hier viel mehr Menschen. Mit der neuen Straße war es für all die vielen Besucher auch viel leichter, dorthin zu kommen.

„Ich denke, wir machen uns auf den Rückweg", sagte Ben. „Heute Abend machen Oma und Opa ein Lagerfeuer. Und bestimmt wollen die anderen hören, was wir von hier zu berichten haben."

Die ganze Tuttle-Familie hatte sich um das Feuer versammelt. Sie sangen und lachten, während Oma und Opa Tuttle lustige Lieder auf ihren Ukulelen spielten.

Anschließend berichteten die Zwillinge von der Straße nach Surfdom, den geschlossenen Geschäften, der Molkerei und den Häusern, die niemand kaufen wollte. Es schien, dass es mit La Playa ziemlich bergab ging.

„Überlege dir gut, was du dir wünschst …", sagte Opa Tuttle zu sich selbst. Aber es war doch laut genug, dass auch die anderen es gehört hatten.

„Was meinst du damit, Opa?", fragte Ethan.

„Das ist eine alte Redensart", antwortet er. „Einige Leute hier mochten den vielen Verkehr nicht. Also haben sie der Regierung zugestimmt, um eine neue Straße zu bauen, damit alle Autos künftig woanders lang fahren. Ihr Wunsch hat sich erfüllt – aber nicht so, wie sie es erwartet hatten."

„Ich denke, dass auch die vielen neu erschlossenen Grundstücke irgendwie zu dieser Geschichte dazu gehören", merkte Ben an. „Vermutlich haben wir damit ein weiteres Puzzlestück dieser Geschichte entdeckt."

Am nächsten Morgen entschieden sie sich, dass sie alle zusammen einen Tag in Surfdom verbringen wollten, um zu sehen, wie es dort ist.

Auf dem Weg dorthin kamen sie durch eines der Neubaugebiete. Viele Menschen waren dort bereits eingezogen.

Am Ende der Straße kamen sie an dem alten Bauernhof vorbei, wo früher die vielen Kühe gestanden hatten.

„Noch ein Interview", sagte Ben zu den Zwillingen.

FOREVER SANCHEZ

„Guten Morgen", sagte ein Mann im Schaukelstuhl, als sie ankamen. „Kann ich Ihnen vielleicht weiterhelfen?"

Onkel Ben gab dem Mann die Hand. „Mein Name ist Ben und das sind meine Nichte Emily und mein Neffe Ethan. Können Sie uns vielleicht sagen, was mit dem alten Bauernhof hier passiert ist?"

Da machte der Mann ein sehr trauriges Gesicht. „Ich bin Daniel Sanchez. Kommt doch bitte herein."

„Bitte entschuldigen Sie die Unordnung", sagte er. „Es ist eine ziemliche Arbeit, dieses Haus zu räumen. Es gibt so viele Erinnerungen …" Überall standen Kartons herum. Als die Zwillinge fragten, warum er auszieht, erklärte Mr. Sanchez: „Es fühlt sich nicht mehr wie Zuhause an, seit die Regierung den Bauernhof meiner Familie gestohlen hat."

"Was? Wie kann das sein?", fragte Ethan ungläubig.

Mr. Sanchez suchte etwas in den Kartons, während die Zwillinge ungeduldig auf eine Antwort warteten.

„¡Aquí está!", sagte er zu sich selbst. Dann gab er den Zwillingen ein Blatt Papier, auf dem ENTEIGNUNG stand.

„Dieser Bescheid erlaubt der Regierung, mir den Hof zu nehmen, der meiner Familie fünf Generationen lang gehört hat", erklärte Mr. Sanchez und zeigte den Zwillingen ein Familienfoto. „Wir haben alles versucht, um sie zu stoppen", fuhr er fort, und er bekam Tränen in den Augen. „Das hier war unser Zuhause, so lange wir denken können."

Mr. Sanchez erklärte, wie er sich der Regierung monatelang widersetzt hat. Aber eines Tages kamen Polizisten zusammen mit Arbeitern, um mit den Bauarbeiten zu beginnen, die mitten durch seinen Hof hindurch führten.

„Die Straße hat es mir unmöglich gemacht, meine Rinder hier weiden zu lassen", sagte er. „Dann hat mir ein Makler viel Geld geboten, um den Rest meines Grundstücks zu verkaufen, damit dieses Wohngebiet entstehen konnte. Eigentlich wollte ich nicht. Aber ich hatte keine andere Wahl, weil ich das Land sowieso nicht mehr nutzen konnte. Also nahm ich das Geld und verlor meinen Hof für immer."

„Ich denke, damit haben wir alles für unsere Geschichte", sagte Ben zu den Zwillingen. „Es tut uns sehr leid, was Ihnen passiert ist, Mr. Sanchez. Haben Sie vielen Dank, dass Sie uns das alles erzählt haben."

Nach dem Interview fuhren sie weiter über die Straße nach Surfdom. Die Fahrt war viel angenehmer als mit dem dichten Verkehr bei La Playa.

Die Spielanlagen am Strand, die Grillplätze, die tollen Geschäfte und sogar die Toiletten waren alle neu in Surfdom. Alle waren sehr beeindruckt.

Surfdom war offensichtlich sehr beliebt. Der Strand war voller Menschen. Es kamen sehr viele Besucher über die Straße zu den neuen Attraktionen.

Die Zwillinge begannen mit dem Bau einer Sandburg, aber sie schienen nicht wirklich glücklich. „Gefällt es euch hier nicht?", fragte Mrs. Tuttle ihre Kinder.

„Doch, schon", sagte Ethan. „Aber es fällt etwas schwer, von Surfdom begeistert zu sein, wenn ich immer an die Familie Sanchez und all die Probleme in La Playa denken muss."

„Warum müssen sich die Dinge ändern, Mama?", fragte Ethan. „La Playa war wirklich schön und beliebt, aber nun fahren alle Leute nach Surfdom."

In dem Moment kam eine Welle ganz nahe an die Burg. „Oh nein, die Flut kommt!", schrie Emily. Alle gemeinsam begannen sie, einen Graben um die Burg auszuheben, um diese zu schützen.

„Das sind die Folgen der Planwirtschaft – wenn einige wenige Leute für alle die Entscheidungen treffen", sagte Mrs. Tuttle, während sie Sand für einen zusätzlichen Schutzwall schaufelte.

„Einige dachten, es sei eine gute Idee, wenn die Regierung eine neue Straße baut", fuhr sie fort. „Aber dieser Plan hatte auch Auswirkungen auf alle anderen."

„Denkt mal darüber nach", sagte Mr. Tuttle. „Warum sollte jemand über eine schmale, überfüllte Straße nach La Playa fahren, wenn man auch über eine brandneue Straße zu diesem tollen Strand hier kommen kann? Durch den Plan der Regierung haben sich die Handlungen der Menschen geändert. Es führt sogar dazu, dass sie Dinge tun, die sie sonst nicht getan hätten."

Die nächste Welle kam. Der Graben füllte sich und der von Mrs. Tuttle gebaute Wall schützte die Burg. Der Plan der Familie war aufgegangen!

„Oh, mein Handtuch ist nass!", rief Emily. Der Graben hatte das Wasser umgeleitet. Und während er die Burg schützte, war das Wasser dorthin geflossen, wo die Handtücher der Familie Tuttle lagen.

„Seht ihr, was passiert ist?", fragte Mr. Tuttle seine Kinder. „Es war ein Fehler, die Burg zu nah am

Wasser zu bauen. Also haben wir einen Damm gebaut, um das Problem zu lösen. Dadurch haben wir aber ein neues Problem geschaffen."

„Merkt euch: Auch wenn staatliche Planung für manches hilfreich sein kann, entstehen dadurch trotzdem oft neue Probleme."

„Planwirtschaft stinkt!", stöhnte Emily, als sie ihr nasses Handtuch aufhob.

„Aber du hast doch schon oft gesagt, dass wir für die Zukunft planen sollten", meinte Ethan. „Ist Planung denn nun schlecht?"

„Es ist toll, für sich selbst zu planen", antwortete Mr. Tuttle. „Wenn du für dich selbst planen kannst, kannst du das tun, was am besten für dich ist. Du bist auch vorsichtiger, um keine Fehler zu machen. Und du zwingst keine anderen Leute, deinem Plan zu folgen. Das nennt man Individualismus – wenn Menschen ihr Leben so gestalten, wie sie es möchten."

Mrs. Tuttle zeigte auf die Läden in der Nähe. „Individuen haben nicht von selbst geplant, ihre Geschäfte hierher in die neuen Läden zu verlegen. Es war wegen der Planung der Regierung, weil mit der neuen Straße die Leute nun woanders hinfahren. Das hat zu großen Nachteilen für La Playa geführt."

„Wenn wenige Leute für viele Leute entscheiden, weil sie glauben, dass es das Beste für alle ist – und wenn alle anderen dann gezwungen werden, diesen Entscheidungen zu folgen – dann nennt man das Kollektivismus. Das verhindert, dass Individuen die besten Entscheidungen für sich selbst treffen können."

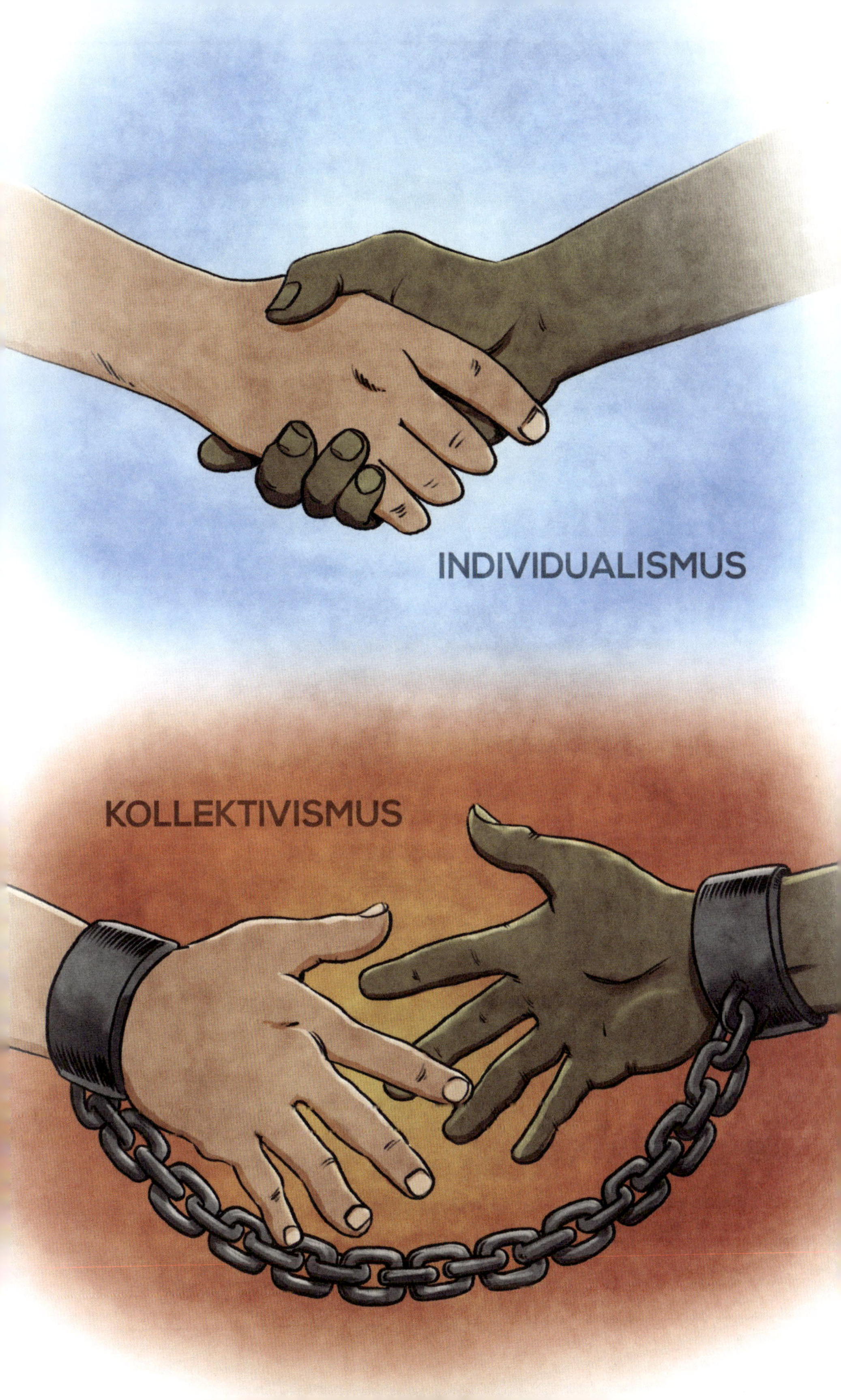

INDIVIDUALISMUS

KOLLEKTIVISMUS

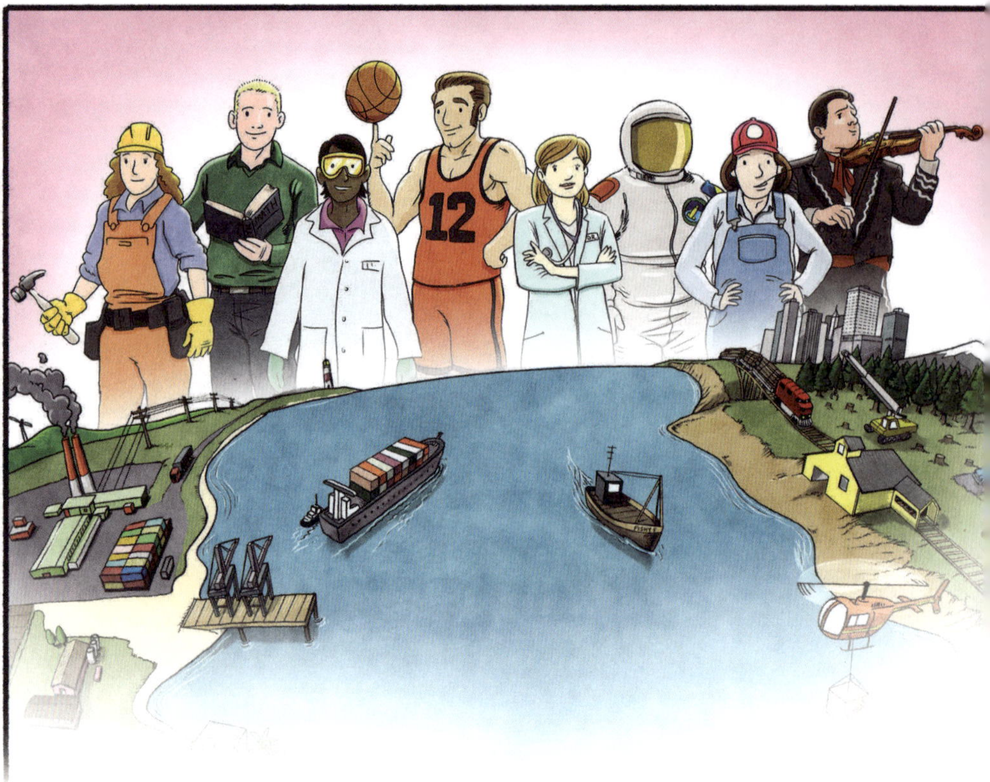
12

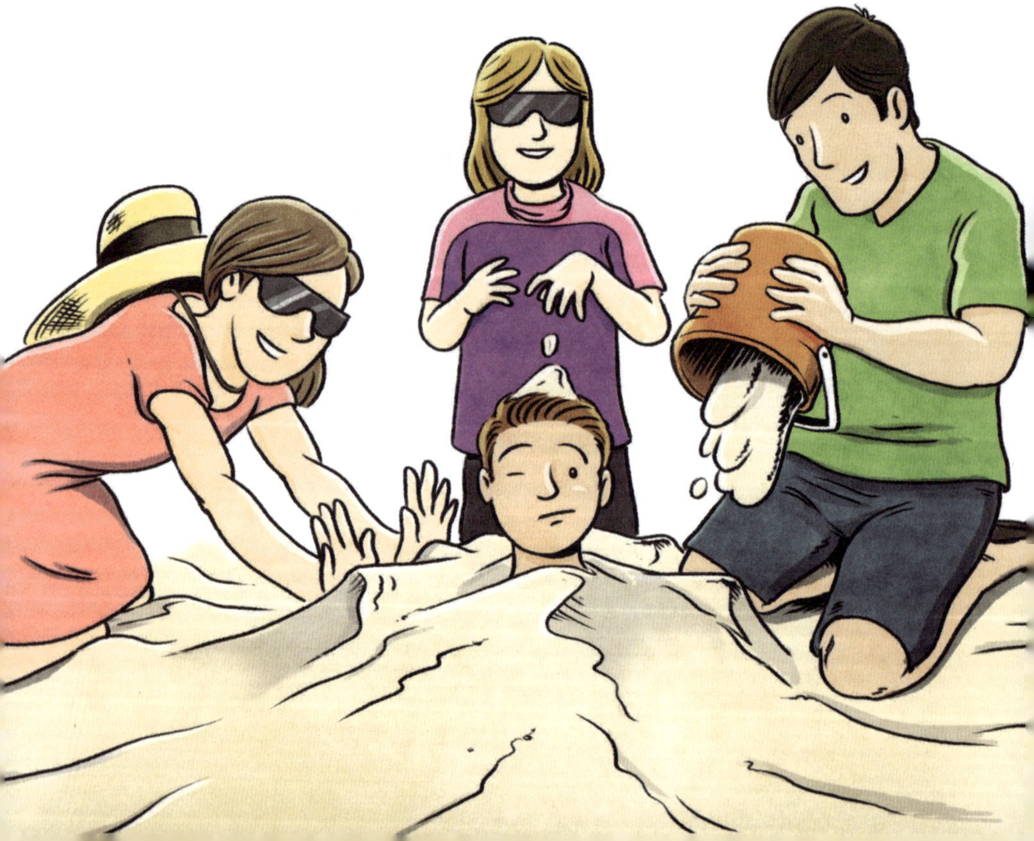

„Mein Plan ist, dass wir Ethan in einem großen Loch im Sand einbuddeln!", sagte Emily grinsend. Ethan ließ sich das gefallen und ihre Eltern halfen Emily dabei.

„Hatschi!", Ethan musste nießen, weil er Sand in die Nase bekommen hatte. „Ich bin mir nicht so sicher, ob ich Kollektivismus wirklich mag", sagte er.

„Die Regierung versucht, zu planen, wie Menschen handeln sollten – zu welchem Strand sie fahren, was sie in der Schule lernen oder was sie mit ihrem Eigentum tun dürfen", erklärte Mr. Tuttle und half dabei, Ethan aus dem Sand zu ziehen. „Aber wenn die Menschen die Freiheit haben, jeder für sich selbst zu planen, sind sie alle glücklicher und erfolgreicher."

„Hey, Ethan, das ist doch genau das, was wir in der Bleistiftfabrik gelernt haben!", sagte Emily. Die Zwillinge erinnerten sich an ihren Klassenausflug, bei dem sie gelernt hatten, wie Millionen Menschen weltweit zusammenarbeiten, um tolle Sachen zu produzieren – ganz ohne staatliche Planung.

Einige aus der Verwandtschaft wollten heute in dem extravaganten Hotel in Surfdom übernachten. Aber die Zwillinge wollten lieber zurück zu ihrer Ferienwohnung in La Playa.

Auf der Rückfahrt erklärte Mrs. Tuttle, dass die staatliche Planwirtschaft in manchen Ländern so schlecht ist, dass die Menschen keine Milch, Brot, Benzin oder nicht einmal Klopapier kaufen können.

„Ist das wirklich wahr?", fragte Emily. Sie hatte noch nie überlegt, wie ein Leben ohne Klopapier wohl wäre.

„Manchmal scheint es, dass die Menschen in der Regierung meinen, dass sie allwissend sind", erklärte Mr. Tuttle den Zwillingen.

„Aber die Menschen in der Regierung sind Leute wie du und ich. Sie machen genauso häufig Fehler wie wir. Sie wissen nicht alles. Und sie können die Zukunft nicht vorhersehen. Es kann einfach nicht funktionieren, wenn einige wenige planen wollen, was Millionen Menschen tun sollten."

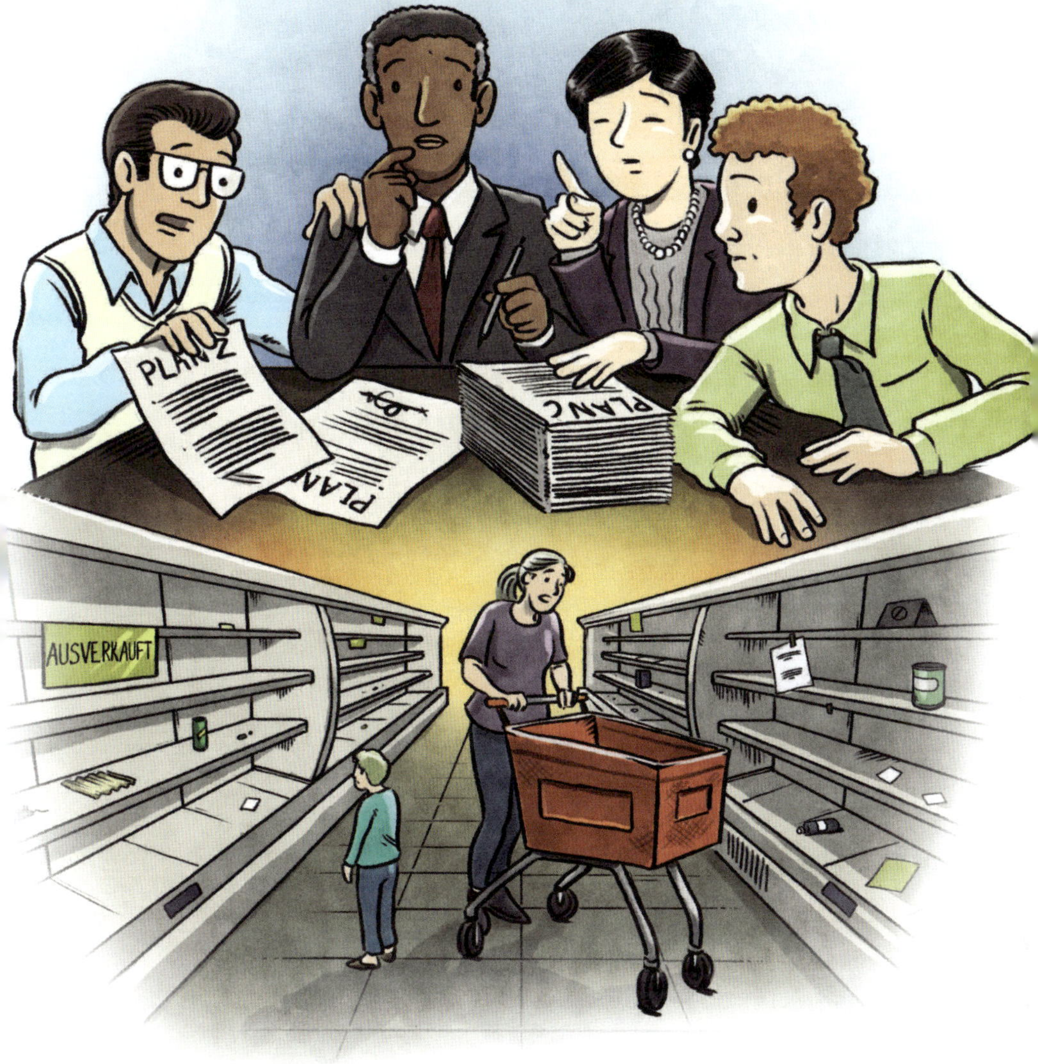

Als sie in La Playa ankamen, leuchtete der Vollmond über der Strandpromenade. „Oh nein!", rief Ethan. „Das Schild des Taco-Standes ist weg. Ob der wohl auch schließen musste?"

„Erinnert ihr euch, wie unsere Handtücher heute nass wurden?", fragte sein Vater. „Das war ein Unfall. Man nennt das eine unbeabsichtigte Folge – etwas, das passiert ist, aber nicht zu dem ursprünglichen Plan gehörte."

„Ich wette, dass die Regierung diese Entwicklung für La Playa nicht geplant hatte", fügte er hinzu. „Aber trotzdem ist diese Entwicklung definitiv eine Folge ihrer Entscheidung, die Straße nach Surfdom zu bauen und damit den Verkehrsfluss zu ändern."

„Das Traurige ist, dass so viele der Leute, die heute unter der neuen Straße leiden, damals wollten, dass sie gebaut wird. Sie haben diese Entwicklung ganz bestimmt nicht erwartet."

An ihrem letzten Abend im Ferienhaus legten sich Ethan und Emily auf das Bett, um den Wellen zu lauschen. Sie mochten die frische Meeresbrise, die durch das Fenster hereinwehte.

In dem Moment piepte das Handy von Mr. Tuttle. „Ben hat uns einen Link zu seinem Bericht geschickt", sagte er. Sie rückten dicht zusammen, um den Film anzuschauen. Für Ethan und Emily war es spannend zu sehen, wie Ben aus ihrer gemeinsamen Arbeit ein Video veröffentlicht hatte.

„In unserer heutigen Folge geht es um Fehlentwicklungen bei staatlicher Planung", sagte Ben seinen Zuschauern.

„Wie konnte La Playa, einer der beliebtesten Strände der Umgebung, so plötzlich beinahe zu einer Geisterstadt werden? Sie mögen überrascht sein – aber die neue Straße nach Surfdom, die dazu gedacht war, das Verkehrsproblem der Stadt zu lösen, ist die Ursache für die wirtschaftlichen Probleme, die es heute in La Playa gibt. Mein Team und ich haben die Zusammenhänge untersucht."

„Wir waren für den neuen Verkehrswegeplan der Regierung." Ethan und Emily grinsten, als sie den Mann sahen, den sie befragt hatten. „Aber wir hätten nicht mit diesen Auswirkungen gerechnet."

„Kommen zu wenig Besucher nach La Playa, werde ich schließen müssen", sagte der Mann vom Bananen-Stand. Ben erklärte, dass viele Läden nach Surfdom umgezogen waren.

Ben berichtete vom Umzug der Molkerei, wodurch viele Menschen ihre Arbeit verloren hatten. „Niemand will mein Haus kaufen. So kann ich nicht mit der Molkerei umziehen", sagte eine Frau. „Ich habe meine Arbeit verloren!"

Mr. Sanchez berichtete, dass die neue Straße über sein Grundstück verlief. Deshalb musste er auch den Rest verkaufen. „Unser Bauernhof ist weg!", sagte er.

Ben erklärte, dass die Umgebung der neuen Straße sehr wertvoll für große Unternehmen und Immobilienmakler geworden ist.

Nachdem die Regierung sie enteignet hatte, musste Familie Sanchez ihren Bauernhof aufgeben. Daraufhin ist die Molkerei umgezogen und viele Menschen haben ihre Arbeit verloren. Häuser und Geschäfte in La Playa wurden aufgegeben. Im Video war die einst so belebte Strandpromenade zu sehen, die jetzt völlig verlassen schien.

„Bitte bedenken sie immer folgendes", sagte Ben. „Seien Sie vorsichtig, was sie sich von staatlicher

Planwirtschaft wünschen. Denn es könnte sein, dass sie genau das bekommen."

„Wow, Ben weiß wirklich, wie man eine gute Reportage macht", sagte Mrs. Tuttle. „Alles ist sehr logisch erklärt."

Ethan und Emily beschlossen, das Video mit all ihren Freunden zu teilen, damit es sich möglichst weit verbreiten konnte. Auch andere sollten lernen, was Planwirtschaft und Kollektivismus sind – aber möglichst ohne nasse Handtücher oder Sand in die Nase zu bekommen!

An ihrem letzten Ferientag wollten einige ihrer Cousins noch einmal nach Surfdom. Aber Ethan und Emily blieben lieber in La Playa.

„Seid ihr sicher?", fragte ihre Mutter sie.

„Mir gefällt es hier besser," sagte Ethan. „Es macht mir keinen Spaß in Surfdom. Vor allem, weil ich weiß, dass so viele Menschen darunter leiden."

„Mir auch nicht", ergänzte Emily. „Und außerdem ist hier jetzt viel mehr Platz für uns, da es in La Playa nicht mehr so voll ist", sagte sie und rannte mit Ethan ins Wasser.

Mr. und Mrs. Tuttle stimmten ihnen zu, dass es manchmal am besten ist, den Weg mit dem wenigsten Verkehr zu nehmen.

Ende

Liebe Eltern, Ich bin Wirtschaftsnobelpreisträger Friedrich August von Hayek.

Es gibt verschiedene ökonomische Schulen, die sich darin unterscheiden, wie und wie stark die Regierung – wenn überhaupt – in die Wirtschaft eingreifen sollte.

Ich gehöre der „Österreichischen Schule der Nationalökonomie" an. Wir sehen Marktentwicklungen als das Ergebnis der kombinierten Handlungen und Vorlieben von Individuen. Die Regierung sollte das respektieren und die Wahlfreiheit schützen. Das verstehen wir unter einem freien Markt.

Ich habe „Den Weg zur Knechtschaft" in den 1940er Jahren geschrieben, „um vor der Gefahr der Tyrannei zu warnen, die unweigerlich folgt, wenn die Regierung die Wirtschaft mittels Planwirtschaft steuert." Das Verschwinden von Individualismus führt zwangsläufig zu einem Verlust von Freiheit, der Schaffung einer Gewaltherrschaft und zur Knechtschaft des Individuums.

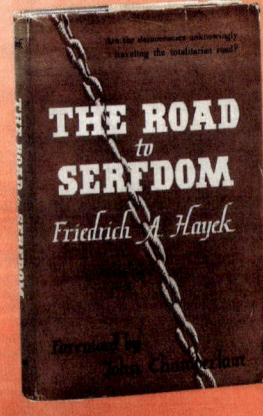

Kommt Ihnen das bekannt vor? Das sollte es. Denn Sie leben bereits in einer solchen Gesellschaft, wie ich sie hier beschrieben habe.

Der Autor

Connor Boyack ist Präsident des Libertas Institute, einer öffentlichen Denkfabrik in Utah (USA). Er hat mehrere Bücher über Politik und Religion geschrieben sowie hunderte von Artikeln, in denen er sich für die persönliche Freiheit einsetzt. Über seine Arbeit wurde national und international in Radio, Fernsehen und Zeitschriften berichtet.

Er wurde in Kalifornien geboren und hat an der Brigham Young University studiert. Er lebt zusammen mit seiner Frau und seinen zwei Kindern in Lehi (Utah).

Der Zeichner

Elijah Stanfield ist Inhaber des Medienunternehmens Red House Motion Imaging in Washington.

Er beschäftigt sich seit langem mit der Österreichischen Schule der Nationalökonomie, mit Geschichte und mit der Philosophie des klassischen Liberalismus. Mit großem Engagement widmet er sich der Verbreitung der Ideen von freien Märkten sowie der persönlichen Freiheit. Für die Kampagne zur Bewerbung des libertären Politikers Ron Paul als amerikanischer Präsident im Jahr 2012 hat er acht Videos produziert. Er lebt mit seiner Frau und ihren fünf Kindern in Richland (Washington).

Besucht uns auch auf TuttleTwins.com
oder kinder-der-freiheit.com!

Glossar

Planwirtschaft: Steuerung der Handlungen der Individuen mittels staatlicher Planung und Zwang, um ein bestimmtes erwünschtes Ergebnis zu erreichen.

Kollektivismus: Individuen werden zu einem bestimmten Verhalten gezwungen, das dem Allgemeinwohl dienen soll. Dabei ist die Gemeinschaft wichtiger als das Individuum.

Enteignung: Der Staat nimmt einer Privatperson ihr Eigentum weg, damit es besser für ein von der Regierung festgelegtes Ziel verwendet werden kann.

Individualismus: Schutz der Rechte des Individuums, damit dieses selbst entscheiden kann, was für es am besten ist. Das Individuum ist wichtiger als die Gruppe, der es angehört.

Unbeabsichtigte Folgen: Unvorhergesehene Ergebnisse einer Handlung. Planwirtschaft führt unweigerlich zu unerwarteten Ergebnissen, die Menschen schaden können. Auch wenn es von den Herrschenden nicht beabsichtigt ist, so ist es doch ein unvermeidbares Nebenprodukt von staatlicher Planung.

Fragen zur Diskussion

1. Warum ist es nicht gut, wenn wenige Menschen für viele Menschen entscheiden?
2. Wie können unbeabsichtigte Konsequenzen vermieden werden?
3. Kann Planwirtschaft jemals gut sein?
4. Nenne aktuelle Beispiele dafür, dass Kollektivismus den Individualismus unterdrückt.

Mehr Fragen, Lernaufgaben und Rätsel gibt es im zugehörigen Arbeitsheft. Erhältlich unter www.kinder-der-freiheit.com.